NEUES VOM MUFFINBLECH

Backofentemperaturen

Die Backofentemperaturen in diesem Buch beziehen sich auf einen Elektroherd mit Ober- und Unterhitze. Falls Sie mit Umluft arbeiten, reduziert sich die Temperatur um 20 °C.

Mengenangaben

Löffelmengen

1 El Mehl, Backpulver, Stärke = 10 g

1 El gehackte Nüsse = 10 g

1 El gemahlene Nüsse = 5 g

1 El Butter = 10 g

1 El Sahne = 10 ml

1 El Kakaopulver = 5 g

1 El Zucker = 15 g

1 El Puderzucker = 10 g

1 El Konfitüre = 15 g

Sonstige

1 Päckchen Vanillezucker = 8 g

1 Päckchen Backpulver = 15 g

1 Päckchen Puddingpulver = 35 g

1 El Honig = 15 g

Abkürzungen

ca. = circa

cl = Zentiliter

cm = Zentimeter

El = Esslöffel

g = Gramm

kcal = Kilokalorien

kg = Kilogramm

kJ = Kilojoule

l = Liter

Min. = Minuten

ml = Milliliter

Std. = Stunde

TK = Tiefkühlprodukt

Tl = Teelöffel

Ø = Durchmesser

Illustrationen

NEUES VOM MUFFINBLECH

Alles außer Muffins – süß und pikant

Inhalt

Höllisch gut

Rezeptverzeichnis

Das Muffinblech, ein Alleskönner

Das Muffinblech ist eines der vielseitigsten und nützlichsten Küchenutensilien! Und damit ist nicht gemeint, dass es eine schier unglaubliche Menge an großartigen Muffin- und Cupcake-Rezepten gibt, sondern dass sich im Muffinblech kleine herzhafte und süße Häppchen in fast grenzenloser Vielfalt herstellen lassen. Sie machen Ihrem Frühstücks- und Mittagstisch gleichermaßen Ehre wie Ihrer Kaffeetafel oder dem Buffet. Vorhang auf für die neue Seite des Muffinblechs!

Das Muffinblech

Sechs oder zwölf Mulden aus beschichtetem Metall oder Silikon – so sieht ein traditionelles Muffinblech aus. Daneben gibt es auch Bleche mit vier recht großen oder 24 winzigen Einbuchtungen. Manche Bleche formen Rosenmotive, andere kleine Gugelhupfe. Für unser Buch am geeignetsten sind die ganz klassisch geformten 12er-Muffinbleche mit glattem Boden und glattem Rand.

Sie wissen es sicher: Im Gegensatz zu fast allen anderen Kuchenformen lassen sich die Ränder der Mulden nicht öffnen. Um die kleinen Leckereien daher leicht und unbeschädigt aus den Mulden zu bekommen, müssen diese entweder gut gefettet (und eventuell sogar mit Semmelbröseln, Nüssen oder Mehl ausgestreut sein), aus Silikon – oder mit Muffinförmchen aus Papier ausgelegt sein. Letzteres ist unsere Lieblingsalternative, kann man das Muffinförmchen aus Papier doch wunderbar auch als Serviettenersatz verwenden und beherzt zugreifen, ohne sich die Hände schmutzig zu machen.

Für so manche Zubereitungsart sind die Papierförmchen sogar die einzige Wahl. Mürbeteig beispielsweise ist sehr brüchig: Wenn eine Minitarte oder -quiche nicht im Papierförmchen gebacken wird, wird es schwierig, sie aus dem Muffinblech herauszulösen. Selbst bei Silikonformen. Und falls der Vorrat an Förmchen einmal unbemerkt zu Neige gegangen ist: sie lassen sich auch ganz leicht selber basteln (siehe S. 7).

So klappt's auf jeden Fall

Beim Zubereiten kleiner Gerichte im Muffinblech gilt generell: Die Menge der Zutaten muss gegenüber herkömmlichen Backformen natürlich reduziert – und daher auch ein wenig anders verarbeitet werden.

1. Teige für Tarte- und Quicheböden sollten deutlich dünner ausgerollt werden (siehe S. 8), da sonst das Verhältnis von Teig zu Füllung nicht mehr passt.

2. Zutaten wie Gemüse und Obst sollten wesentlich feiner geschnitten, beziehungsweise gehackt werden, als gemeinhin üblich. Das liegt daran, dass die Backzeit der Miniaturgebäcke und -gerichte geringer ausfällt und die Zutaten bei zu grober Verarbeitung nicht richtig gar werden. Das hat aber auch einen entscheidenden Vorteil: Das Gebäck ist oft wesentlich feiner und delikater, als es in großen Formen gemeinhin daherkommt.

3. Beim Herstellen von Teigen mit Ei – wie etwa Mürbeteig – ist darüber hinaus zu beachten, dass sich Eier nur bis zu einem gewissen Grad reduzieren lassen und die übrigen Teigzutaten natürlich an die Menge der verwendeten Eier angepasst werden müssen. Das

heißt, dass für ein Muffinblech manchmal zu viel Teig zubereitet werden muss. Aus den Resten lassen sich aber bei süßen Teigen leckere Plätzchen herstellen; aus herzhaften Teigen können Sie mit etwas Käse verfeinerte oder einfach mit etwas Olivenöl bestrichene und mit gerebeltem Rosmarin, Kümmel oder grobem Salz bestreute, kleine, herzhafte Appetizer kreieren.

Ansonsten gilt, dass fast alles, was in einer großen Form funktioniert, auch in der Muffinform gelingen kann. Und das Ergebnis? Das sind kleine, feine Leckereien, die sich nicht nur für den gedeckten Tisch eignen, sondern auch hervorragendes Fingerfood für Ihre Partys sind, einen Fernsehabend mit Freunden zum Erlebnis machen und auch unterwegs – bei einer Wanderung, im Freibad oder im Büro – köstliche Abwechslung in den Speiseplan bringen.

Tipps und Tricks

Muffin-Papierförmchen selbst gemacht

1. Backpapier in 12 Quadrate mit einer Seitenlänge von 14–15 Zentimetern schneiden.

2. Die Backpapierquadrate diagonal zu Dreiecken falten, die Kante gut feststreichen. Die Dreiecke wieder öffnen und in der anderen Diagonale wieder zu einem Dreieck falten und feststreichen.

3. Ein Quadrat mit dem Kreuzungspunkt mittig auf eine Mulde des Muffinblechs legen, dann ein Glas, dessen Boden dem einer Muffinblechmulde entspricht, daraufsetzen und langsam in die Mulde drücken. Die

Bänder, Schleifen und Küchengarn

Mit Satinbändern, Bast und Küchengarn verwandeln Sie die kleinen Leckereien in wahre Eyecatcher. Einfach um das Muffinförmchen legen und mit einer Schleife fixieren.

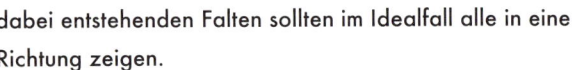

dabei entstehenden Falten sollten im Idealfall alle in eine Richtung zeigen.

4. Die Falten feste andrücken und die Kanten feststreichen, dafür das Glas mit dem Papier vorsichtig aus der Form nehmen und auch am unteren Rand fest andrücken.

5. Mit den anderen Backpapierquadraten ebenso verfahren. Alle Muffinförmchen in die Mulden setzen und entsprechend befüllen.

Mürbeteig extradünn ausrollen

Am leichtesten und feinsten lässt sich Mürbeteig für das Muffinblech in kleinen Portionen zwischen zwei Backpapierblättern ausrollen. Anschließend das obere Backpapier vorsichtig entfernen und Teigkreise in der gewünschten Größe ausstechen. Mit einem Pfannenheber werden die Teigkreise zuletzt aus dem Teig gelöst und auf die Mulden des Blechs gelegt. Nun nur noch vorsichtig hineindrücken und nach Rezept weiterverarbeiten.

Gebackene Rosen

Eines der hübschesten Gerichte aus dem Muffinblech sind herzhafte und süße Rosen. Sie herzustellen ist nicht schwierig, verlangen aber ein bisschen Übung. Generell muss das verwendete Obst und Gemüse wirklich dünn geschnitten werden, damit es sich noch biegen lässt. Ein Gemüsehobel ist dafür sehr nützlich. Wer unsicher ist, kann Gemüse auch ganz kurz blanchieren, beziehungsweise

Obst in einer nicht zu heißen Pfanne einige Sekunden andünsten. Wichtig dabei: Das Gemüse/Obst darf nicht matschig werden. Es muss biegsam-elastisch sein.

Extratipps: 5 Dinge, bei denen Ihr Muffinblech auch noch sehr nützlich ist

1. Die Mulden des Muffinblechs sind ideal, um darin hübsch gefüllte XL-Eiswürfel zuzubereiten. Füllen Sie dazu die Mulden zur Hälfte mit kaltem Wasser und legen Sie einige Beeren, fein geschnittene Gurken- oder Limettenscheiben, Minze- oder Zitronenmelissenblättchen oder vielleicht essbare Blüten wie Gänseblümchen, Duftgeranien oder Veilchen hinein. Im Gefrierfach einige Stunden durchfrieren lassen, dann das Blech einmal ganz kurz unter warmes Wasser halten und die Eiswürfel lösen. Sie machen sich gut in einem Glaskrug mit kaltem Erfrischungswasser oder einzeln in einem Drink im Tumbler.

2. Brühen, Fonds und Saucen lassen sich portionsweise in den Muffinblechmulden einfrieren. Einfach die Mulden bis kurz unter den Rand befüllen, über Nacht durchfrieren lassen, den Inhalt anschließend aus dem Blech lösen, indem Sie es kurz unter warmes Wasser halten, und anschließend in Boxen oder Gefrierbeuteln verschlossen zurück ins Gefrierfach geben. So haben Sie kleine Mengen an Saucen und Fonds parat, wenn Sie sie zum Kochen brauchen.

3. Aus Kartoffel- oder Nudelresten vom Vortag lassen sich ganz schnell kleine Vorspeisen zubereiten. Kartoffeln dazu in Würfel oder Scheiben schneiden, die Nudeln können bleiben, wie sie sind. Kartoffeln oder Nudeln mit verquirltem Ei verrühren. Je nachdem, was der Kühlschrank so hergibt, mit gehackten Kräutern, fein geschnittener Paprika, Tomatenwürfeln, Ketchup, Schinkenwürfeln, Käse – der Phantasie sind hier keine Grenzen gesetzt – verrühren und kräftig mit Pfeffer und Salz würzen. In die gefetteten Muffinmulden füllen und im vorgeheizten Ofen backen, bis das Ei gestockt ist (175 °C/ca. 10 Minuten). Heiß und kalt ein köstlicher Appetizer oder feiner Snack!

4. Machen Sie aus Plätzchenteig (z.B. dem Teig von Butterplätzchen, Spritzgebäck, Spekulatius, Zimtsternen) und Ihrem Muffinblech essbare

Dessertschälchen. Dazu das Muffinblech mit Papierförmchen auslegen und mit Teig auslegen. Dann ein zweites Papierförmchen hineinstellen und dieses mit Hülsenfrüchten beschweren. Im vorgeheizten Backofen blindbacken (175 °C/ca. 11 Minuten). Hülsenfrüchte und oberes Papierförmchen entfernen und den Teig im Blech auskühlen lassen. Mit 1 Kugel Eis, etwas Pudding oder Obstsalat gefüllt ein Gedicht.

5. Mit dem Muffinblech können Sie Ihre grünen Smoothies vorbereiten – und zwar für sechs Tage im Voraus. Einfach Ihre favorisierten Blätter in sechsfacher Menge pürieren und in das mit Papierförmchen ausgelegte Muffinblech (12er-Blech) füllen. Einfrieren, jeden Tag zwei Pads herauslösen und wie gewohnt mit frischen Früchten im Mixer verarbeiten. Auf diese Weise sparen Sie sich auch zusätzliche Eiswürfel.

Einfache Füllungen für Minitartes

Mürbeteig lässt sich gut auf Vorrat zubereiten und eingefroren, am besten zu einem flachen Rechteck ausgerollt, lagern. Wenn Sie dann noch eine einfache Füllung parat haben, können Sie im Nu kleine Minitartes backen, sollte sich Besuch einmal kurzfristig anmelden.

Lemoncurd

Für etwa 400 g Lemoncurd **2 unbehandelte Zitronen** heiß waschen, abtrocknen, die Schale fein abreiben und den Saft auspressen. Saft und Abrieb mit **160 g Zucker** und **2 Eiern** in einem Topf über einem heißen Wasserbad unter ständigem Rühren cremig schlagen. Das kann etwa 10 Minuten dauern. Wenn die Creme puddingartig eingedickt ist, vom Herd nehmen und durch ein Sieb streichen. **80 g weiche Butter** in die warme Masse rühren. Den Lemoncurd in saubere, heiß ausgespülte

Marmeladengläser füllen und bis zur Verwendung im Kühlschrank aufbewahren. Hält sich etwa 1 Monat lang.

Vanillepudding

1/2 Vanilleschote längs halbieren, das Mark herauskratzen und mit der Schote und **200 ml Milch** in einem Kochtopf langsam zum Kochen bringen. In der Zwischenzeit **50 ml Milch** mit **1 Esslöffel Zucker**, **1 Eigelb** und **2 Teelöffeln Speisestärke** glatt rühren. Wenn die Milch kocht, die Milch-Ei-Mischung unter ständigem Rühren einrühren und kurz aufkochen lassen.

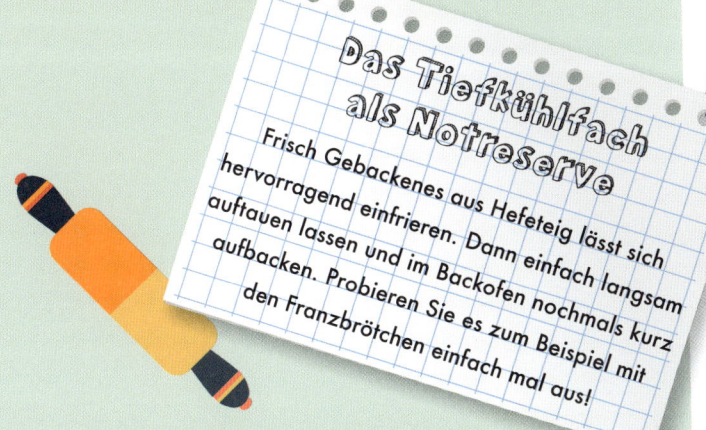

Das Tiefkühlfach als Notreserve

Frisch Gebackenes aus Hefeteig lässt sich hervorragend einfrieren. Dann einfach langsam auftauen lassen und im Backofen nochmals kurz aufbacken. Probieren Sie es zum Beispiel mit den Franzbrötchen einfach mal aus!

Zu diesem Buch

Für die Rezepte in diesem Buch wurde immer ein Standard-Muffinblech mit 12 Mulden verwendet. Die Backzeiten sind entsprechend diesem Blech angegeben. Von einigen Ausnahmen abgesehen – wie beispielsweise den Eggs Benedict – könnten Sie auch ein Minimuffinblech verwenden. Allerdings sind dann deutlich mehr Fingerfertigkeit und Geschick erforderlich, denn manche Gerichte sind schon im normalen Muffinblech recht zart. Und natürlich müssen die Backzeiten angepasst werden. Wenn Sie ein größeres Buffet planen, können Sie die angegebenen Zutaten einfach verdoppeln oder verdreifachen und mehrere Bleche hintereinander backen. Bis auf die Eggs Benedict können auch alle Speisen dieses Buchs kalt verzehrt werden – oder sind sogar explizit für den kalten und eiskalten Genuss gedacht.

Doch nun genug der Theorie! Entdecken Sie die grenzenlosen Möglichkeiten Ihres Muffinblechs. Wir wünschen Ihnen gutes Gelingen und viel Freude dabei!

himmlisch lecker

Mangotörtchen, Apfelrosen, Schoko-Körbchen oder Safran-Parfait: Vorhang auf für die süßesten Versuchungen, seit es Muffinbleche gibt!

Frischkäse-Küchlein

mit Heidelbeeren

FÜR 12 STÜCK

70 g Butterkekse
40 g Butter
80 g Zucker
3 Eier
1 Prise Salz
2 El Mehl
400 g Frischkäse
200 g Schmand
Mark von ½ Vanilleschote
48 Heidelbeeren

Außerdem

12 Papierförmchen für das Muffinblech

Enthält pro Stück

ca. 254 kcal/1065 kJ
7 g E, 19 g F, 13 g KH

Die Butterkekse in einen Gefrierbeutel füllen, gut verschließen und mit einem Nudelholz die Kekse fein zerbröseln. Die Butter zerlassen und mit den Kekskrümeln verkneten.

Das Muffinblech mit den Papierförmchen auslegen und den Keksteig als Boden in die Förmchen drücken. Im Kühlschrank 30 Minuten fest werden lassen.

Den Backofen auf 180 °C vorheizen. Den Zucker mit den Eiern und dem Salz cremig quirlen, das Mehl hineinsieben und glatt rühren. Frischkäse, Schmand und Vanillemark hinzufügen und zu einer glatten Creme verrühren.

Die Heidelbeeren waschen und trocken tupfen. Auf die Keksböden verteilen und mit der Creme bedecken. Die Oberfläche der Käsekuchen glatt streichen und im Backofen ca. 20 Minuten backen.

14

zubereitungszeit
ca. 15 Minuten
(plus ca. 30 Minuten zum Kühlen
und 20 Minuten zum Backen)

Zubereitungszeit

ca. 25 Minuten (plus ca. 10 Minuten zum Ziehen, 30 Minuten zum Abküh- len und 4 Stunden zum Gefrieren)

Sahniges Safran-Parfait

mit Zimtaroma

FÜR 12 STÜCK

2 Tütchen gemahlener Safran
3 Eigelb
90 g Zucker
150 ml Vollmilch
1 Tl Zimt
300 ml Sahne

Außerdem

12 Papierförmchen für das Muffinblech

Enthält pro Stück

ca. 125 kcal/525 kJ
2 g E, 9 g F, 9 g KH

Den Safran mit 2 Teelöffeln heißem Wasser übergießen und 10 Minuten ziehen lassen.

Eigelb mit dem Zucker 5 Minuten weiß-cremig aufschlagen. Die Milch mit dem Zimt und dem Safran in einem Topf verrühren und zum Kochen bringen.

Den Topf von der heißen Platte nehmen und mit dem Schneebesen die Zucker-Eigelb-Masse nach und nach in die heiße Gewürzmilch rühren. Den Topf über dem heißen Wasserbad so lange weitererhitzen, bis die Masse dick-cremig ist. Dabei fortwährend mit einem Teigschaber am Boden entlangrühren, damit die Masse nicht ansetzt. Sie darf auch nicht kochen, sonst gerinnt das Eigelb. Anschließend vollständig abkühlen lassen.

Die Sahne steif schlagen und esslöffelweise unter die kalte Gewürzcreme heben. Das Muffinblech mit den Papierförmchen auslegen, die Creme darauf verteilen, glatt streichen, mit Frischhaltefolie abdecken und im Eisfach mindestens 4 Stunden gefrieren lassen.

Blätterteig-Apfelrose

mit Aprikosenmarmelade

FÜR 12 STÜCK
2 Rollen Blätterteig (aus dem Kühlregal)
120 g Aprikosenmarmelade
3 süß-säuerliche, rotschalige Äpfel
Zimt nach Belieben

Außerdem
Puderzucker zum Bestäuben
Butter für das Muffinblech

Enthält pro Stück
ca. 234 kcal/978 kJ
2 g E, 15 g F, 23 g KH

Den Backofen auf 190 °C vorheizen und das Muffinblech gut mit Butter einfetten. Die beiden Blätterteigrollen aufrollen und jeweils längs in 6 gleich breite Streifen schneiden. Die Teigstreifen mit der Marmelade bestreichen.

Die Äpfel waschen, halbieren, Kerngehäuse und Blütenansätze herausschneiden und die Äpfel in sehr dünne Scheiben schneiden oder hobeln. Die Apfelscheiben mit der Rundung nach oben und einander überlappend so auf den Blätterteig legen, dass sie am oberen Rand etwa 1–1,5 Zentimeter herausschauen. Nach Belieben mit Zimt bestreuen, dann die untere Hälfte jedes

Blätterteigstreifens nach oben klappen. Die Streifen nicht zu fest längs aufrollen und in die Mulden des Muffinblechs setzen.

Auf der untersten Schiene 25–35 Minuten backen. Sollten die Äpfel zu schnell bräunen, mit Backpapier bedeckt fertig backen. Die Apfelrosen auskühlen lassen, vorsichtig aus der Form lösen und mit Puderzucker bestäuben.

19

Köstliche Franzbrötchen

... nicht nur für Hanseaten!

FÜR 12 STÜCK

Für den Teig
250 g Mehl
1 Ei
70 g lauwarme Milch
14 g Hefe
1 Prise Salz
30 g feinster Zucker
60 g weiche Butter

Für die Füllung
125 g kalte Butter
125 g feinster Zucker
2 Tl Zimt

Außerdem
12 Papierförmchen für das Muffinblech

Enthält pro Stück
ca. 248 kcal/1041 kJ
3 g E, 14 g F, 28 g KH

Für den Teig alle Zutaten, außer der Butter, gut verkneten. Die Butter zugeben und kneten, bis ein geschmeidiger Hefeteig entstanden ist. Abgedeckt bei Zimmertemperatur 2 Stunden gehen lassen, anschließend 12 Stunden im Kühlschrank ruhen lassen.

Den Teig durchkneten und auf einer bemehlten Arbeitsfläche zu einem Rechteck (etwa 30 x 20 cm) ausrollen. Die kalte Butter in dünne Scheiben schneiden und die Hälfte des Teiges damit auslegen. Den freien Teig darüberlegen und alles etwa 7 mm dick ausrollen.

Den Teig von beiden schmalen Enden aus zur Mitte hin falten, dann noch einmal halb falten, etwas zusammendrücken, um 90 ° drehen und wieder etwa 7 mm ausrollen. Diesen Vorgang mehrmals wiederholen. Dann einmal zusammenklappen, in Frischhaltefolie wickeln und 45 Minuten im Kühlschrank ruhen lassen.

Den Backofen auf 180 °C vorheizen und das Muffinblech mit den Papierförmchen auslegen. Den Teig etwa 7 mm dick und zu einem etwa 15 cm breiten Rechteck ausrollen. Mit einem scharfen Messer die Ränder begradigen, damit der Teig schön aufgehen kann.

Den Zucker mit dem Zimt gleichmäßig auf dem Teig verteilen. Den Teig quer in 12 Streifen schneiden und jeden Streifen von beiden Seiten zur Mitte aufrollen. Die Doppelschnecken so zusammendrücken, dass sie in die Mulden passen. Im Backofen ca. 30 Minuten goldbraun backen.

Zubereitungszeit

ca. 1 Stunde 10 Minuten
(plus 2 Stunden zum Gehen,
12 Stunden 45 Minuten zum Kühlen
und 30 Minuten zum Backen)

Salzkaramell-Cheesecakes

mit Kräckern

FÜR 12 STÜCK

Für das Karamell
50 g Zucker
90 g kalte gesalzene Butter
25 ml Sahne

Für die Cheesecakes
16 runde Kräcker
300 g Doppelrahm-Frischkäse
70 g Zucker
Mark von ½ Vanilleschote
2 Eier
80 g Schmand
1 Prise Salz

Außerdem
12 Papierförmchen für das Muffinblech

Enthält pro Stück
ca. 208 kcal/867 kJ
5 g E, 14 g F, 16 g KH

22

Den Zucker mit 2 Esslöffeln Wasser in einen kleinen Topf geben, verrühren und 5 Minuten beiseitestellen. Die kalte Butter in kleine Würfel schneiden.

Zucker-Wasser-Mischung bei mittlerer Hitze zu hellbraunem Karamell kochen. Dabei den Topf nur schwenken, nicht rühren. Mit der Sahne ablöschen und gut verrühren. Einmal aufkochen lassen, den Topf vom Herd nehmen und die Butter zufügen. Verrühren, bis eine glatte Creme entstanden ist. Abkühlen lassen.

Den Backofen auf 135 °C vorheizen und das Muffinblech mit Papierförmchen auslegen. 12 Kräcker mit der Salzkaramellbutter bestreichen und mit der gebutterten Seite nach oben in die Förmchen legen. Die restlichen Kräcker grob hacken und beiseitestellen.

Den Frischkäse cremig aufschlagen. Den Zucker einrieseln lassen und so lange rühren, bis sich die Zuckerkristalle gelöst haben, dann das Vanillemark einrühren.

Eier hinzufügen und ebenfalls gut verrühren, dann Schmand und Salz einrühren. Zuletzt die gehackten Kräcker unterheben.

Die Cheesecake-Masse auf die bestrichenen Kräcker verteilen, glatt streichen und im Ofen ca. 20 Minuten backen. Auf einem Kuchengitter auskühlen lassen und vor dem Servieren mindestens 4 Stunden durchziehen lassen.

Zubereitungszeit

ca. 25 Minuten
(plus 20 Minuten Backzeit und
4 Stunden Zeit zum Ziehen)

Zubereitungszeit

ca. 35 Minuten (plus ca. 45 Minuten
Ruhezeit und 20 Minuten Backzeit)

Mangotörtchen mit Joghurtcreme

und Lemoncurd

FÜR 12 STÜCK

Für den Teig

125 g Butter
60 g Zucker
1 Eigelb
1 Prise Salz
Mark von ½ Vanilleschote
190 g Mehl

Für die Füllung

200 g Frischkäse
150 g Sahnejoghurt (10% Fett)
1 El Orangenlikör
40 g Zucker
Mark von ½ Vanilleschote
1 Mango
3 El Lemoncurd (FP oder Rezept S. 10)

Außerdem

Mehl für die Arbeitsfläche
24 Papierförmchen für das Muffinblech
Hülsenfrüchte zum Blindbacken

Enthält pro Stück

ca. 264 kcal/1108 kJ
5 g E, 16 g F, 25 g KH

Aus den Teigzutaten rasch einen Mürbeteig kneten und diesen etwa 45 Minuten kalt stellen. Anschließend den Backofen auf 180 °C vorheizen und das Muffinblech mit je einem Papierförmchen auslegen.

Den Mürbeteig auf einer bemehlten Arbeitsfläche dünn ausrollen. 12 Teigkreise mit jeweils einem Durchmesser von 10 Zentimetern ausstechen und mithilfe einer Palette von der Arbeitsplatte nehmen. Die Papierförmchen bis kurz unter den Rand mit dem Teig auskleiden. In jede Mulde vorsichtig ein weiteres Papierförmchen setzen, mit Hülsenfrüchten auffüllen und im Backofen 10 Minuten blindbacken. Anschließend die Tartelettes herausnehmen, Hülsenfrüchte und Papierförmchen entfernen und rund 10 Minuten weiterbacken, bis sie goldbraun sind. Auskühlen lassen.

Frischkäse, Joghurt, Orangenlikör, Zucker und Vanillemark cremig rühren und die Tartelettes zu etwa zwei Dritteln damit füllen. Lemoncurd darauf verteilen. Die Mango schälen und feine Streifen Fruchtfleisch abschälen. Die Streifen von außen nach innen in die Creme zu kleinen Röschen stecken.

25

Sahnige Limettentartes

im Miniformat

FÜR 12 STÜCK

Für den Teig

125 g Butter
60 g Zucker
1 Eigelb
1 Prise Salz
190 g Mehl

Für die Füllung

2 Eier
85 g Zucker
Schalenabrieb und Saft von
   1 unbehandelten Limette
70 ml Sahne

Außerdem

Mehl für die Arbeitsfläche
24 Papierförmchen für das Muffinblech
getrocknete Hülsenfrüchte zum Blindbacken

Enthält pro Stück

ca. 215 kcal/903 kJ
3 g E, 12 g F, 23 g KH

Aus den Teigzutaten rasch einen geschmeidigen Mürbeteig kneten und etwa 45 Minuten kalt stellen. Anschließend den Backofen auf 180 °C vorheizen und das Muffinblech mit je einem Papierförmchen auslegen.

Den Mürbeteig auf einer bemehlten Arbeitsfläche dünn ausrollen. 12 Teigkreise mit jeweils einem Durchmesser von 8 Zentimetern ausstechen und mithilfe einer Palette von der Arbeitsplatte nehmen. Die Papierförmchen bis zur halben Höhe mit dem Teig auskleiden. In jede Mulde vorsichtig ein weiteres Papierförmchen setzen, mit Hülsenfrüchten auffüllen und im Backofen 10 Minuten blindbacken. Den Backofen auf 100 °C herunterschalten, die Tartes herausnehmen und die mit Hülsenfrüchten gefüllten Papierschälchen abnehmen.

Die Eier mit dem Zucker schaumig rühren, Saft und Schalenabrieb der Limette dazurühren und zuletzt die Sahne einrühren. Die Limettensahne auf die Tarteböden verteilen und im Backofen 15–20 Minuten stocken lassen. Noch heiß mit den Papierförmchen aus dem Muffinblech nehmen und auf einem Kuchengitter auskühlen lassen.

Zubereitungszeit

ca. 35 Minuten (plus ca. 45 Minuten Ruhezeit und 30 Minuten Backzeit)

Grüne Knuspertaler

mit Amaranth

FÜR 12 STÜCK

6 Tl gepuffter Reis
6 Tl gepuffter Amaranth
100 g weiße Schokolade
½ Tl Matchapulver
24 Stück Popcorn
  (süß oder salzig nach Belieben)
36 Granatapfelkerne

Außerdem

12 Papierförmchen für das Muffinblech

Enthält pro Stück

ca. 142 kcal/596 kJ
2 g E, 7 g F, 19 g KH

Das Muffinblech mit den Papierförmchen auslegen. Reis und Amaranth mischen.

Die weiße Schokolade mit dem Matchapulver im Wasserbad schmelzen und auf die Papierförmchen aufteilen. Sofort jeweils 1 Teelöffel Puffreis-Amaranth, 2 Stück Popcorn und 3 Granatapfelkerne darauf verteilen und etwas andrücken.

Mindestens 3 Stunden im Kühlschrank auskühlen lassen. Vor dem Servieren die Papierförmchen vorsichtig ablösen.

Zubereitungszeit

ca. 15 Minuten
(plus ca. 3 Stunden Kühlzeit)

Zubereitungszeit

ca. 45 Minuten
(plus ca. 8 Stunden Kühlzeit)

Dunkle Peanutbuttercups

mit Fleur de Sel

FÜR 12 STÜCK

50 g Zucker
40 g Butter
½ Tl Fleur de Sel
60 ml Sahne
2 El Erdnussbutter
2 Löffelbiskuits
300 g dunkle Schokolade (70%)

Außerdem

12 Papierförmchen für das Muffinblech

Enthält pro Stück

ca. 172 kcal/721 kJ
3 g E, 11 g F, 16 g KH

Den Zucker in einer Pfanne schmelzen. Dabei nicht umrühren, sondern nur ab und zu die Pfanne etwas rütteln. Sobald der Zucker goldbraun karamellisiert ist, 25 g Butter in kleinen Stücken dazugeben und gut verrühren. Das Fleur de Sel einrühren und die Pfanne vom Herd nehmen. Die Sahne erwärmen, aber nicht kochen und zum Karamell geben. Gut verrühren und handwarm abkühlen lassen, dann die Erdnussbutter einrühren.

Das Muffinblech mit den Papierförmchen auslegen. Die Löffelbiskuits in einen Gefrierbeutel geben, gut verschließen und mit einem Nudelholz fein zerreiben. In das nun ganz ausgekühlte Karamell rühren.

Die Schokolade mit der restlichen Butter über dem Wasserbad schmelzen. Jeweils 1 Teelöffel Schokolade auf den Boden der Papierförmchen geben. 5 Minuten abkühlen lassen, (die restliche Schokolade auf das Wasserbad zurückstellen), dann jeweils 1 gehäuften Teelöffel Karamell in die Mitte auf die Schokolade setzen und die restliche Schokolade darübergießen und verteilen.

Im Kühlschrank über Nacht auskühlen lassen; 30 Minuten vor dem Servieren aus dem Kühlschrank nehmen.

Bananen-Scones mit Schmand

und Erdnussbutter

FÜR 12 STÜCK

115 g weiche Butter
130 g Zucker
2 Eier
2 mittelgroße, sehr reife Bananen
250 g Mehl
½ P. Backpulver
1 Prise Salz
2 El Schmand
4 Tl Erdnussbutter (cremig oder crunchy nach Belieben)

Außerdem

Butter und Mehl für das Muffinblech

Enthält pro Stück

ca. 232 kcal/972 kJ
4 g E, 11 g F, 30 g KH

Den Backofen auf 175 °C vorheizen. Das Muffinblech gut einfetten und mit Mehl ausstäuben.

Die Butter mit dem Zucker cremig rühren. Die Eier nach und nach hinzugeben und weiß-cremig rühren.

Die Bananen mit einer Gabel zu Mus zerdrücken. Mit den übrigen Zutaten zu der Eierbutter geben und alles gut verrühren.

Den Teig auf die Mulden des Muffinblechs verteilen und die Bananenbrötchen ca. 30 Minuten backen.

Eierlikörparfait-Sandwiches

mit Florentinern

FÜR 12 STÜCK

3 Eigelb
40 g Zucker
150 ml frische Vollmilch
50 g Eierlikör
300 ml Sahne
24 runde Florentiner

Außerdem

12 Papierförmchen für das Muffinblech

Enthält pro Stück

ca. 155 kcal/652 kJ
2 g E, 10 g F, 14 g KH

Die Eigelb mit dem Zucker 5 Minuten weiß-cremig aufschlagen. Die Milch in einem Topf zum Kochen bringen.

Den Topf von der heißen Platte nehmen und mit dem Schneebesen die Zucker-Eigelb-Masse nach und nach in die heiße Milch rühren. Den Topf zurück auf die Platte geben und bei niedriger Hitze so lange erhitzen, bis die Masse dickcremig ist. Dabei fortwährend mit einem Teigschaber am Boden entlang rühren, damit die Masse nicht ansetzt. Sie darf auch auf keinen Fall kochen, da sonst das Ei gerinnt. Den Eierlikör einrühren und noch 2 Minuten weiterrühren, dann die Masse vom Herd nehmen und vollständig abkühlen lassen.

Die Sahne steif schlagen und esslöffelweise unter die kalte Eierlikörcreme heben.

Das Muffinblech mit den Papierförmchen auslegen und in jedes Förmchen 1 Florentiner mit der Mandelseite nach unten legen. Die Creme darauf verteilen, glatt streichen, die restlichen Florentiner nun mit der Mandelseite nach oben daraufsetzen und leicht andrücken. Das Muffinblech mit Frischhaltefolie abdecken und im Eisfach mindestens 4 Stunden gefrieren lassen.

Zubereitungszeit

ca. 25 Minuten
(plus ca. 10 Minuten zum Ziehen,
30 Minuten zum Abkühlen
und 4 Stunden zum Gefrieren)

Knusprig-cremige Blütentartes

FÜR 6 STÜCK

125 g Butter
75 g Zucker
1 Eigelb
1 Prise Salz
210 g Mehl
1 unbehandelte Orange
300 ml Sahne
2 P. gemahlener Safran
250 g weiße Schokolade

Außerdem

6 Papierförmchen für das Muffinblech
Mehl für die Arbeitsfläche
Butter und Brösel für das Muffinblech
Blütenausstechform von ca. 14 cm Ø
Hülsenfrüchte zum Blindbacken

Enthält pro Stück

ca. 692 kcal/2897 kJ
7 g E, 46 g F, 63 g KH

Aus Butter, 60 g Zucker, Eigelb, Salz und Mehl einen Mürbeteig kneten und etwa 20 Minuten kalt stellen. Den Backofen auf 180 °C vorheizen und sechs nicht direkt aneinandergrenzende Mulden des Muffinblechs mit Papierförmchen auslegen. Die umliegende Oberfläche des Muffinblechs gut einfetten und mit Bröseln bestreuen.

Orange heiß waschen und trocken reiben. Die Hälfte der Schale dünn abschälen und mit der Sahne in einen Topf geben. Den Rest der Schale fein abreiben und mit dem übrigen Zucker vermischen.

Den Teig auf einer bemehlten Arbeitsfläche dünn ausrollen. Mit dem Blütenausstecher 6 Blüten ausstechen und die Papierförmchen damit auskleiden. Die Blütenblätter überlappen dabei lose den Muldenrand.

Die Teigblüten im Backofen 10 Minuten blindbacken, dann Hülsenfrüchte und Papier entfernen und die Blüten ca. 5 Minuten fertig backen. In der Form auskühlen lassen, dann herausheben.

Den Safran mit 1 Teelöffel heißem Wasser übergießen und 15 Minuten ziehen lassen. Die Schokolade hacken und die Sahne mit der Orangenschale erhitzen. Die Schale entfernen, den Safran einrühren und die Schokolade in der Gewürzsahne unter Rühren schmelzen. Ca. 30 Minuten abkühlen lassen, dabei immer wieder umrühren. Die Schokoladensahne in die Blüten füllen und 1 Stunde kühl stellen. Mit dem Orangenzucker bestäuben.

Zubereitungszeit

ca. 45 Minuten
(plus ca. 20 Minuten Ruhezeit,
15 Minuten Backzeit, 30 Minuten
Abkühlzeit und 1 Stunde Kühlzeit)

Zubereitungszeit

ca. 25 Minuten (plus ca. 25 Minuten Kochzeit und 30 Minuten Backzeit)

Bratäpfel im Rotweinsud

mit Cranberrys

FÜR 12 STÜCK

1 unbehandelte Zitrone
Saft von ½ Orange
500 ml Rotwein
1 Zimtstange
1 Sternanis
3 El Zucker
12 kleine Äpfel, die in die
   Muffinblechmulden passen
150 g gehobelte Mandeln
100 g getrocknete Cranberrys
150 g Marzipan
¼ Tl Zimt
¼ Tl Kardamom
Mark von 1 Vanilleschote
120 g Butter

Außerdem

Butter für das Muffinblech

Enthält pro Stück

ca. 314 kcal/1315 kJ
5 g E, 20 g F, 22 g KH

Die Zitrone waschen und trocknen, die Schale fein abreiben, den Saft auspressen und beiseitestellen. Den Zitronenabrieb mit Orangensaft, Rotwein, Zimtstange, Sternanis und Zucker aufkochen. Etwa 25 Minuten bei niedriger Hitze köcheln lassen, bis alles zur Hälfte eingekocht ist. Dann abkühlen lassen.

Den Backofen auf 200 °C vorheizen und das Muffinblech gut einfetten.

Die Äpfel waschen, trocken reiben, die Kerngehäuse ausstechen und mit etwas Zitronensaft beträufeln.

Die Mandelblättchen in einer Pfanne ohne Fett goldbraun rösten, dann in eine Schüssel geben. Die Cranberrys und das Marzipan fein hacken, zu dem Mandeln geben. Die Gewürze dazugeben und alles gut verkneten. Die Äpfel mit der Marzipanmasse füllen.

Die Äpfelchen in das Muffinblech setzen. Die Sauce darüber verteilen (Vorsicht, die Mulden nicht zu voll machen!), dann kleine Butterflöckchen auf die Äpfel setzen und im Backofen 20–30 Minuten backen. Mit einem Löffel aus dem Blech heben und sofort servieren.

Marzipan-Pfirsich-Pastetchen

mit Mandellikör

FÜR 12 STÜCK

1 saftiger Pfirsich
2 Tl Zitronensaft
1 Tl Mandellikör
115 g Marzipan
3 Tl feiner Zucker
1 Rolle frischer Blätterteig
1 El zerlassene Butter
1 Eigelb
1 El Sahne

Außerdem

Hagelzucker zum Bestreuen
Butter und Mehl für das Muffinblech

Enthält pro stück

ca. 163 kcal/684 kJ
2 g E, 10 g F, 16 g KH

Den Backofen auf 220 °C vorheizen. Das Muffinblech mit Butter einfetten und mit Mehl ausstäuben. Den Pfirsich waschen, schälen und putzen. Das Fruchtfleisch in etwa 4 Millimeter große Würfel schneiden. Mit dem Zitronensaft und dem Mandellikör mischen. Das Marzipan in ebenfalls ca. 4 Millimeter große Würfel hacken und mit dem Zucker und der Pfirsichmischung verrühren.

Den Blätterteig ausrollen und daraus 24 Teigkreise mit jeweils einem Durchmesser von ca. 6 Zentimetern ausstechen. 12 Teigkreise auf den Boden der Muffinblechmulden legen, den kleinen Rand dabei flach an die Seite der Mulde drücken und mit zerlassener Butter bestreichen. Die Marzipanmischung mittig auf den Teigkreisen verteilen.

Die übrigen Teigkreise entweder mehrmals mit der Gabel einstechen oder mit einem sehr kleinen Ausstecher in der Mitte ein Motiv – etwa 1 Herz oder 1 Blüte – ausstechen. Die Teigkreise in die Mulden über die Marzipanmischung legen und am Rand die beiden Teigränder mit einer Gabel zusammendrücken.

Das Eigelb mit der Sahne gut verquirlen und die Oberflächen der Pastetchen dünn damit bestreichen. Mit Hagelzucker bestreuen und im Backofen ca. 15 Minuten backen, bis die Pastetchen golden sind. 5 Minuten ruhen lassen, aus der Form nehmen.

Zubereitungszeit

ca. 25 Minuten
(plus ca. 15 Minuten Backzeit)

Schoko-Körbchen mit Salzbrezeln

und Füllung

FÜR 12 STÜCK
400 g Schokolade nach Wahl
1 gestr. Tl Butter
60 ganze Salzbrezeln

Außerdem
Obst oder Pralinen zum Füllen
Papierförmchen für das Muffinblech

Enthält pro Stück
ca. 240 kcal/999 kJ
5 g E, 11 g F, 31 g KH

Die Schokolade mit der Butter über einem nicht zu heißen Wasserbad schmelzen und verrühren. Vom Wasserbad nehmen, die Salzbrezeln nacheinander in die Schokolade tauchen und auf einem Stück Backpapier erkalten lassen.

Das Muffinblech mit den Papierförmchen auslegen. Die Schokolade erneut über dem nicht zu heißen Wasserbad schmelzen. Nun zügig weiterarbeiten: 1 Brezel in die Schokolade hineintauchen und auf den Boden des Papierförmchens legen. Nacheinander 4 weitere Brezeln in die Schokolade tauchen. An den Rand der Förmchen setzen und zwar so, dass sich alle 4 Brezeln mehrfach berühren und – sobald die Schokolade fest geworden ist – kleine feste Körbchen bilden.

Die restlichen Brezeln auf gleiche Weise zu 11 weiteren Körnchen zusammensetzen und mindestens 2 Stunden im Kühlschrank aushärten lassen. Nach Belieben mit Obststückchen, Trüffeln etc. füllen.

Zubereitungszeit
ca. 20 Minuten
(plus ca. 2 Stunden Kühlzeit)

Zubereitungszeit

ca. 35 Minuten (plus ca. 1 Stunde
Ruhezeit, 30 Minuten Marinierzeit
und 25 Minuten Backzeit)

Mini-Apple-Pies
mit Safranpulver

FÜR 12 STÜCK

280 g Mehl
160 g kalte Butter
120 g Rohrzucker
1 Prise Salz
1 Eigelb
Mark von ½ Vanilleschote
2 säuerliche Äpfel
Saft von ½ Orange
½ Tl Zimt
¼ Tl Ingwerpulver
1 Tütchen Safranpulver
1 El gehackte Haselnüsse
2 Tl Milch

Außerdem

Mehl für die Arbeitsfläche
12 Papierförmchen für das Muffinblech

Enthält pro Stück

ca. 229 kcal/957 kJ
3 g E, 12 g F, 26 g KH

Das Mehl mit der Butter verkneten, bis krümelige Brösel entstanden sind. 100 g Zucker und Salz zugeben und weiterkneten. Das Eigelb, die Vanilleschote und 1–2 Esslöffel Wasser einkneten, dann zu einer Kugel formen und mit den Händen rasch zu einem geschmeidigen Teig kneten. In Frischhaltefolie verpacken und 1 Stunde im Kühlschrank ruhen lassen.

Die Äpfel schälen, putzen, fein würfeln und mit dem Orangensaft vermischen. Den restlichen Zucker, die Gewürze und die Haselnüsse dazugeben und gut verrühren. Die Äpfel müssen gleichmäßig mit der Marinade umgeben sein. Mindestens 30 Minuten durchziehen lassen.

Den Backofen auf 180 °C vorheizen und die Muffinform mit Papierförmchen auslegen. Den Teig dünn ausrollen, Kreise ausstechen und die Papierförmchen damit auslegen. Die Äpfel in der Mitte verteilen.

Den Rest des Teigs erneut ausrollen und kleine Deckel ausstechen. Mit einer Gabel einstechen, auf die Äpfel legen, mit Milch bestreichen und im Backofen 15–25 Minuten goldbraun backen.

Frozen-Joghurt aus dem Blech

mit Himbeerpüree

FÜR 12 STÜCK

150 g Cornflakes

50 g Butter

2 El Honig

500 g griechischer Joghurt

90 g Zucker

Mark von 1 Vanilleschote

8 El Himbeerpüree (oder ein anderes Fruchtpüree)

100 ml Schlagsahne

Außerdem

12 frische Himbeeren zum Dekorieren

12 Papierförmchen für das Muffinblech

Enthält pro Stück

ca. 188 kcal/788 kJ

3 g E, 10 g F, 20 g KH

Das Muffinblech mit Papierförmchen auslegen. Die Cornflakes in einen Gefrierbeutel geben, gut verschließen und mit einem Nudelholz grob zerkleinern.

Die Butter in einem Topf zerlassen, den Honig darin auflösen und die Cornflakes hineinrühren. Die Mischung auf die Papierförmchen verteilen und darin glatt verstreichen. Den Joghurt mit dem Zucker, dem Vanillemark und dem Himbeerpüree verrühren. Die Sahne halbsteif schlagen und unter den Joghurt heben.

Die Joghurtcreme über den Knusperboden geben und glatt streichen. ½ Stunde abgedeckt ins Gefrierfach stellen, dann auf jeden Joghurt 1 Himbeere setzen und weitere 2,5 Stunden durchfrieren lassen.

Zubereitungszeit
ca. 20 Minuten
(plus ca. 3 Stunden Gefrierzeit)

Nougat-Cruffins aus Blätterteig

mit Salzerdnüssen

FÜR 12 STÜCK

100 g gesalzene, geröstete Erdnüsse
2 Rollen Blätterteig
200 g Nussnougatcreme

Außerdem

Butter für das Muffinblech

Enthält pro Stück

Pro Stück ca. 308 kcal/1289 kJ
5 g E, 20 g F, 26 g KH

Den Backofen auf 200 °C vorheizen und das Muffinblech gut einfetten. 30 g der Erdnüsse fein mahlen und damit die Muffinblechmulden ausstreuen. Die übrigen Erdnüsse hacken.

Den Blätterteig entrollen und eine Hälfte dünn mit Nussnougatcreme bestreichen. Die zweite Hälfte darüberlegen, leicht andrücken und die restliche Nussnougatcreme gleichmäßig darauf verstreichen. Die gehackten Erdnüsse darüberstreuen und den Blätterteig von der langen Seite her aufrollen.

Die gefüllten Blätterteigrolle in 12 gleich große Scheiben schneiden und mit einer Schnittfläche nach unten in die Mulden des Muffinblechs drücken.

Im Backofen etwa 25 Minuten backen, bis die Cruffins knusprig braun sind.

Zubereitungszeit
ca. 15 Minuten
(plus ca. 25 Minuten Backzeit)

Zubereitungszeit

ca. 35 Minuten
(plus ca. 1 Stunde 30 Minuten zum
Gehen und 30 Minuten Backzeit)

Hefeschnecken mit Nussfüllung

und Zuckerguss

FÜR CA. 12 STÜCK

Für den Teig
100 ml Milch
½ Würfel Hefe
50 g weiche Butter
40 g Zucker
250 g Mehl
1 Prise Salz, 1 Ei

Die Füllung
50 g Paranüsse
50 g gemahlene Haselnüsse
1 Eiweiß
50 g Zucker

Für den Zuckerguss
80 g Puderzucker
1 Tl Zitronensaft
etwa 2 Tl Wasser

Außerdem
Mehl für die Arbeitsfläche
Butter und Brösel für das Muffinblech

Enthält pro Stück
ca. 229 kcal/957 kJ
5 g E, 10 g F, 30 g KH

Die Milch lauwarm erwärmen und die Hefe darin auflösen. Die Butter darin schmelzen und 1 Teelöffel Zucker hineinrühren. Restlichen Zucker, Mehl und Salz in einer Schüssel vermengen, die Hefemilch und das Ei dazugeben und zu einem glatten Teig verkneten. Abgedeckt an einem warmen Ort mindestens 1 Stunde gehen lassen.

Den Backofen auf 175 °C vorheizen und das Muffinblech gut mit Butter einfetten und mit Bröseln ausstreuen.

Die Paranüsse hacken und mit den Haselnüssen vermischen. Das Eiweiß steif schlagen, nach und nach den Zucker einrieseln lassen und die Nussmischung unterrühren.

Den Hefeteig auf einer bemehlten Arbeitsfläche einmal durchkneten und etwa ½ Zentimeter dünn zu einem 50 Zentimeter langen Rechteck ausrollen. Die Nussmischung daraufstreichen und von der langen Seite aus eng aufrollen. In 12 gleich große Stücke scheiden, mit einer Schnittfläche nach oben in das Muffinblech setzen. 30 Minuten gehen lassen, dann im Backofen etwa 30 Minuten backen, bis die Schnecken schön gebräunt sind. Auskühlen lassen, dann aus dem Blech nehmen.

Für den Guss den Puderzucker mit Zitronensaft und etwas Wasser verrühren und die Oberseite der Schnecken damit nach Belieben bestreichen.

Portugiesische Pasteis de Nata

mit Sahnepudding

FÜR 12 STÜCK

1 Rolle Blätterteig
180 g Zucker
40 g Mehl
330 ml Sahne
100 ml Vollmilch
1 Prise Salz
2,5 Tl weiche Butter
1 Ei
4 Eigelb
Mark von ½ Vanilleschote

Außerdem

Butter für das Muffinblech

Enthält pro Stück

ca. 283 kcal/1187 kJ
5 g E, 57 g F, 25 g KH

Den Backofen auf 250 °C vorheizen und das Muffinblech gut mit Butter einfetten. Den Blätterteig quer halbieren, eine Hälfte mit ca. 1 Teelöffel Butter bestreichen und die andere Hälfte darauflegen. Leicht andrücken. Den Teig von der längeren Seite her aufrollen.

Die Teigrolle in 12 gleich dicke Scheiben schneiden. Jede Scheibe in eine Mulde des Muffinblechs drücken und die gesamte Mulde bis zum Rand damit auskleiden.

Zucker und Mehl miteinander vermischen. Sahne und Milch mit der restlichen Butter einmal aufkochen und die Zucker-Mehl-Mischung unter Rühren einrieseln lassen. Unter kräftigem Rühren einmal aufkochen lassen, den Topf vom Herd nehmen und die Creme etwas abkühlen lassen. Ei und Eigelb mit dem Vanillemark zügig einrühren, dann die Muffinmulden bis zum Rand mit dem Pudding füllen.

Die Pasteis auf der untersten Ofenschiene ca. 12 Minuten backen, dann auf der obersten noch 2–3 Minuten bräunen. Im Blech auskühlen lassen, dann vorsichtig aus der Form lösen.

53

Karamellbirnen auf Blätterteig

mit Marzipan

FÜR CA. 12 STÜCK

120 g Zucker
400 ml Sahne
3 kleine reife Birnen
3 El flüssige Butter
2 El Limettensaft
1 Rolle Blätterteig
½ Marzipandecke

Außerdem

12 Papierförmchen für das Muffinblech

Enthält pro Stück

ca. 324 kcal/1357 kJ
4 g E, 24 g F, 25 g KH

Den Backofen auf 220 °C vorheizen und das Muffinblech mit Papierförmchen auslegen.

Von dem Zucker 4 Esslöffel abnehmen und beiseitestellen. Den Rest in einem weiten Topf schmelzen, dabei den Topf ab und zu schwenken, damit der Zucker goldbraun karamellisiert. Mit der Sahne ablöschen, aufkochen und ohne Deckel bei mittlerer Hitze einige Minuten einkochen lassen. In eine Sauciere umfüllen und kalt stellen.

Die Birnen schälen, vierteln, die Kerngehäuse entfernen und die Viertel quer in feine Scheiben schneiden.

Restlichen Zucker mit der Butter und dem Limettensaft verrühren. Die Marinade zu den Birnenscheibchen geben und vorsichtig vermengen.

Den Blätterteig ausrollen und 12 Kreise von ca. 7 Zentimetern Durchmesser ausstechen. Die Kreise müssen etwas größer als die Böden der Muffinblechmulden sein. Mit den Kreisen die Böden der Mulden auskleiden.

Die Marzipandecke entrollen und 12 Kreise ausstechen, deren Durchmesser den Böden der Muffinblechmulden entsprechen. Die Kreise mittig auf den Blätterteig setzen. Jeden Marzipankreis dachziegelartig mit Birnenscheibchen belegen. Etwa 12 Minuten im Backofen backen, bis die Törtchen leicht gebräunt sind. Noch heiß mit der Karamellsauce servieren.

Zubereitungszeit

ca. 25 Minuten
(plus ca. 20 Minuten Kochzeit
und ca. 12 Minuten Backzeit)

höllisch gut

Kohlrabirosen, Polenta-Häppchen oder Eggs Benedict: Die Rezepte dieses Kapitels punkten ebenso zu Hause wie auch unterwegs.

Eggs Benedict

FÜR 12 STÜCK

Für die Eier

2 mittelgroße Champignons
9 Scheiben Bacon (Frühstücksspeck)
1 guter Schuss Portwein
12 Scheiben Weizentoast
ca. 70 g weiche Butter
12 Eier, Salz, Pfeffer

Für die Sauce

180 g Butter
1 Schalotte
1 Stängel Estragon
½ Lorbeerblatt
6 Pfefferkörner
2 El Weißweinessig
⅛ l Weißwein
3 Eigelb, Salz

Außerdem

Butter und Brösel für
das Muffinblech

Enthält pro Stück

ca. 377 kcal/1577 kJ
10 g E, 32 g F, 12 g KH

Die Pilze putzen, abreiben und in feine Scheiben schneiden. Den Bacon in einer Pfanne ohne Fett knusprig braun braten. Auf Küchenkrepp abtropfen und abkühlen lassen. In der Pfanne die Champignons ca. 3 Minuten scharf anbraten, mit Portwein ablöschen und bei niedriger Hitze fertig garen. Herausnehmen und abtropfen lassen. Den Bacon zerbröseln.

Das Muffinblech einfetten und mit Bröseln ausstreuen. Toast entrinden und von beiden Seiten gut buttern. Damit die Mulden des Blechs auskleiden.

Die Baconbrösel hineinstreuen, dann seitlich an die Wände der Muffinmulden jeweils 2–3 Champignonscheiben setzen. 1 Ei trennen, das Eigelb in eine Muffinblechmulde setzen und das Eiweiß darübergießen. Mit den anderen Eiern ebenso verfahren. Das Muffinblech beiseitestellen.

Die Butter zerlassen, dann vom Herd nehmen und lauwarm abkühlen lassen.

Die Schalotte schälen und fein hacken, den Estragon waschen und trocken schütteln. Schalotte, Estragon, Lorbeer, Pfeffer, Essig und Wein in einem Topf zum Kochen bringen und die Flüssigkeit auf ein Viertel reduzieren. In eine Rührschüssel abseihen und abkühlen lassen.

Den Backofen auf 200 °C vorheizen. Die Eier in die Reduktion rühren. Dann die Mischung über dem heißen Wasserbad ca. 7 Minuten fortwährend aufschlagen. Das Blech in den Ofen stellen und die Eier ca. 8 Minuten backen, bis das Eiweiß gestockt, das Eigelb aber noch flüssig ist. Die Schüssel vom Wasserbad nehmen und unter ständigem Rühren die Butter einarbeiten – zuerst tröpfchenweise, dann in dünnem Strahl. Mit Salz abschmecken und zu den Eier servieren.

Zubereitungszeit
ca. 65 Minuten
(plus ca. 20 Minuten Kochzeit
und 8 Minuten Backzeit)

Zubereitungszeit

ca. 40 Minuten
(plus ca. 30 Minuten Kühlzeit
und 35 Minuten Backzeit)

Süßkartoffel-Miniquiches

mit Ziegenkäse

FÜR 12 STÜCK

250 g Mehl

70 g kalte Butter

Salz

250 g Süßkartoffeln

1 Zwiebel

2 Eier

3 El geriebener Parmesan

270 ml Sahne

Pfeffer

1 Prise gemahlene Muskatnuss

½ rote Paprika

100 g Ziegenkäserolle

1 Tl Rohrzucker

1 gute Prise sehr scharfes Chilipulver

Außerdem

Mehl zum Ausrollen

Butter für das Muffinblech

Enthält pro Stück

ca. 252 kcal/1055 kJ

7 g E, 16 g F, 21 g KH

Das Mehl in eine Schüssel sieben, die Butter in kleine Würfel schneiden. Beides mit Salz und 40–50 ml Wasser rasch zu einem geschmeidigen Teig verkneten. In Folie gewickelt etwa 30 Minuten im Kühlschrank ruhen lassen. Den Backofen auf 180 °C vorheizen und das Muffinblech mit Butter einfetten.

Die Süßkartoffeln und die Zwiebel schälen, in feine Würfel schneiden und vermischen. Die Eier verquirlen und mit dem Parmesan und der Sahne verrühren. Mit Salz, Pfeffer und Muskat abschmecken.

Den Teig auf der bemehlten Arbeitsfläche dünn ausrollen und 12 Kreise (à 12 cm Ø) ausstechen. Die Mulden mit den Teigkreisen auskleiden.

Die Süßkartoffelmischung auf die Muffinblechmulden aufteilen, mit der Eiersahne übergießen und im Backofen ca. 20 Minuten backen.

Die Paprikaschote putzen, innen und außen waschen, in dünne Streifen schneiden und auf den Mini-Quiches verteilen. Den Käse in 12 Scheiben schneiden und auf die Paprikastreifen legen. Zucker und Chilipulver vermengen und den Käse damit leicht bestreuen. Die Quiches im Backofen weitere 15 Minuten backen.

Saftige Zwiebelküchlein

mit Majoran

FÜR 12 STÜCK

Für den Teig

250 g Mehl
1 P. Trockenhefe
1 Tl Salz
2 Tl raffiniertes Sonnenblumenöl

Für die Füllung

500 g Zwiebeln
2 El Olivenöl
1 T frischer gehackter Majoran
2 Eier
100 g Schmand
Salz
Pfeffer
Muskat
12 Scheiben Schwarzwälder Schinken

Außerdem

Butter und Mehl für das Muffinblech

Enthält pro Stück

ca. 159 kcal/1999 kJ
5 g E, 8 g F, 17 g KH

Für den Teig Mehl in die Schüssel geben, die Hefe und das Salz untermischen. 120 Milliliter lauwarmes Wasser dazugeben. Das Öl hinzufügen und alles gut verkneten. Abgedeckt an einem warmen Ort 30 Minuten gehen lassen.

Zwiebeln schälen und würfeln. Öl in einer Pfanne erhitzen und die Zwiebeln darin anbraten. Wenn sie etwas Farbe genommen haben, den Majoran und einen Schuss Wasser zugeben und zugedeckt weich dünsten. Vom Herd nehmen und lauwarm abkühlen lassen.

Die Eier verquirlen, den Schmand unterrühren und mit etwas Salz, Pfeffer und Muskat würzen. Mit den lauwarmen Zwiebeln verrühren.

Den Backofen auf 200 °C vorheizen und das Muffinblech buttern und mit Mehl ausstäuben. Den Schinken längs so falten, dass er der Höhe der Muffinblechmulden entspricht. Den Rand jeder Mulde mit 1 Scheiben Schinken auslegen.

Den Teig durchkneten und in 12 Portionen teilen. Kreisrund ausrollen und die Muffinblechmulden damit auskleiden. Im Backofen auf der untersten Schiene 5 Minuten vorbacken. Die Füllung auf die Mulden verteilen und weitere 15–20 Minuten backen.

Spanische Gemüsetortillas

mit Zuckerschoten

FÜR 12 STÜCK

600 g Kartoffeln
100 g Zuckerschoten
100 g rote Paprikaschote (geputzt
   gewogen)
1 Schalotte
1 Knoblauchzehe
1 Chilischote
5 Eier
Salz

Außerdem

Bratöl zum Braten
Butter für das Muffinblech

Enthält pro Stück

ca. 81 kcal/341 kJ
5 g E, 7 g F, 9 g KH

Die Kartoffeln schälen, vierteln und in Scheiben schneiden. Die Zucker-schoten waschen, putzen und in etwa 1 cm breite Stücke schneiden. Die Paprika waschen, putzen und fein würfeln.

Schalotte und Knoblauch schälen und fein hacken. Die Chili putzen, innen und außen waschen und ebenfalls fein hacken.

Den Backofen auf 180 °C vorheizen und das Muffinblech gut einfetten. Den Boden einer Pfanne mit Öl bedecken und auf mittlerer Stufe erhitzen. Kartoffeln darin etwa 6 Minuten braten. Zwiebeln, Knoblauch und Chili zugeben und weitere 10 Minuten braten. Salzen.

Paprikawürfel und Zuckerschoten zugeben und braten, bis die Kartoffeln weich sind. Aus der Pfanne nehmen und kurz auf Küchenkrepp abtropfen lassen.

Die Eier in einer Schüssel aufschlagen, mit 1 guten Prise Salz kräftig verrühren, das Gemüse unterrühren und auf die Muffinblechmulden verteilen. Im Backofen ca. 14 Minuten backen, bis das Ei gestockt ist. Herausnehmen und 5 Minuten ruhen lassen. Die Minitortillas schmecken heiß, kalt und lauwarm.

Zubereitungszeit

ca. 40 Minuten
(plus ca. 20 Minuten zum Braten
und 14 Minuten Backzeit)

Pizza-Margheritas

im Mini-Format

FÜR 36 STÜCK

½ Würfel frische Hefe
250 g Mehl
Salz
1 Zwiebel
1 Knoblauchzehe
1 El Olivenöl
1 kleine Dose gehackte Tomaten
Pfeffer
2–3 Kugeln Mozzarella
36 Blättchen Basilikum

Außerdem

Olivenöl für das Muffinblech
Mehl für die Arbeitsfläche

Enthält pro Stück

ca. 59 kcal/248 kJ
3 g E, 3 g F, 5 g KH, 3 g E

Die Hefe in einer Schüssel mit 40 Milliliter lauwarmem Wasser auflösen und ca. 20 g Mehl hinzufügen. Verrühren, abdecken und an einem warmen Ort 10 Minuten gehen lassen. Das restliche Mehl in eine Schüssel geben, eine Mulde in die Mitte drücken. Hefemischung, 2 gestrichene Teelöffel Salz und 100 Milliliter lauwarmes Wasser in die Vertiefung geben. Alles gut zu einem geschmeidig glänzenden Teig verkneten. Den Teig mit einem feuchten Tuch abdecken und an einem warmen Ort 3 Stunden gehen lassen.

Zwiebel und Knoblauch schälen und fein hacken. Mit dem Olivenöl und den Tomaten in einem kleinen Topf zum Kochen bringen und bei niedriger Hitze 30 Minuten einköcheln lassen. Mit Salz und Pfeffer würzen.

Den Backofen auf 200 °C vorheizen und die Mulden des Muffinblechs mit Öl einreiben. Den Mozzarella abgießen und abtropfen lassen. Die Kugeln längs halbieren und in Scheiben schneiden. Den Teig in 3 gleich große Teile teilen, 2 erneut mit dem feuchten Tuch abdecken, 1 Teil auf der bemehlten Arbeitsplatte dünn ausrollen. 12 Teigkreise von etwa 5,5 Zentimetern Durchmesser ausstechen und in dem Blech verteilen.

Jeweils etwa 1 Teelöffel Sauce auf dem Teig verstreichen und mit je 1 Scheibe Mozzarella belegen. Im Backofen 8–10 Minuten backen. Sofort mit 1 Blättchen Basilikum belegen und aus der Form nehmen. Auf einem Kuchengitter auskühlen lassen und mit den restlichen Zutaten auf gleiche Weise zwei weitere Bleche Mini-Margheritas abbacken.

Zubereitungszeit

ca. 35 Minuten
(plus ca. 3 Stunden Zeit zum Gehen
und 30 Minuten Backzeit)

Zubereitungszeit

ca. 20 Minuten
(plus ca. 20 Minuten Backzeit)

Traumhafte Käsesoufflés

mit Sahne

FÜR 12 STÜCK

170 g Bergkäse
60 Butter
70 g Mehl
350 ml Vollmilch
100 ml Sahne
1 Prise geriebener Muskat
1–2 Tl Salz
Pfeffer
5 Eier

Außerdem

Butter und Semmelbrösel für das
   Muffinblech

Enthält pro Stück

ca. 195 kcal/818 kJ
9 g E, 15 g F, 6 g KH

Den Backofen auf 180 °C vorheizen. Das Muffinblech gut mit Butter einfetten und mit Semmelbröseln ausstreuen. Den Bergkäse fein reiben.

Die Butter in einem Topf zerlassen, das Mehl hineinrühren. Milch und Sahne einrühren und 10 Minuten unter ständigem Rühren köcheln lassen. Mit Muskat, Salz und Pfeffer abschmecken.

Die Eier trennen, die Béchamelsauce vom Herd nehmen und Eigelb und den Bergkäse einrühren, bis eine homogene Masse entstanden ist. Abkühlen lassen, dabei gelegentlich umrühren, damit keine Haut entsteht.

Eiweiß steif schlagen und unter die Käsesauce heben. Die Masse in die Mulden des Muffinblechs geben und 15–20 Minuten backen. Die Soufflés vorsichtig aus der Form lösen und rasch mit Salat servieren, bevor sie zusammenfallen.

Zubereitungszeit ⏰

ca. 40 Minuten
(plus ca. 20 Minuten Backzeit)

Kohlrabirosen in Filoteig

FÜR 12 STÜCK

3 Kohlrabi
Salz
2 Frühlingszwiebeln
1 Knoblauchzehe
2 Eier
1 Becher Schmand
50 g geriebener Parmesan
Pfeffer
edelsüßer Paprika
100 g Butter
4 Lagen Filoteig (Strudelteig)

Außerdem

Backpapier für das Muffinblech

Enthält pro Stück

ca. 188 kcal/788 kJ
6 g E, 13 g F, 12 g KH

Die Kohlrabi schälen und halbieren. In hauchdünne Scheiben hobeln, sodass halbrunde Scheiben entstehen. In kräftig gesalzenem, kochendem Wasser 1 Minute blanchieren. Abgießen und abtropfen lassen.

Die Frühlingszwiebeln waschen, putzen und den weißen Teil in sehr feine Ringe schneiden. Den Knoblauch schälen und hacken. Frühlingszwiebeln und Knoblauch mit Eiern, Schmand und geriebenem Parmesan verrühren und kräftig mit Salz, Pfeffer und Paprika abschmecken. Die Butter in einem Topf zerlassen und etwas braun werden lassen.

Aus dem Backpapier 12 Quadrate à 10 x 10 Zentimeter schneiden. Aus dem Filoteig 36 Quadrate à 10 x 10 Zentimeter schneiden. Jeweils 3 Teigquadrate übereinanderschichten, dabei mit Nussbutter dünn bepinseln.

Die Quadrate von einer Ecke aus bis zur Mitte einschneiden, die Schnittflächen etwas übereinanderlegen, sodass ein Teigkörbchen entsteht und jeweils mit einem Backpapier-Quadrat in die Mulden drücken.

Den Backofen auf 200 °C vorheizen. Die Schmandcreme auf die Teigkörbchen verteilen. Die Kohlrabischeiben mit der Rundung nach oben von außen nach innen und nicht zu dicht aneinander in die Creme zu Rosenblüten stecken. Dabei die Scheiben immer stärker einrollen, je näher man zur Mitte kommt.

Im vorgeheizten Backofen etwa 20 Minuten backen, dann heiß oder abgekühlt servieren.

Falsche Häschen

mit Wachteleiern

FÜR 12 STÜCK

2,5 Scheiben Toastbrot
1 guter Schuss Milch
1 Zwiebel, 1 El Olivenöl
2 El Pinienkerne
3 Tl Kapern
5 Zweige Majoran
1 geh. Tl Senf
500 g Rinderhackfleisch
1 Ei, 1 Eigelb
Salz, Pfeffer
12 hart gekochte Wachteleier

Außerdem

Butter und Semmelbrösel für das
Muffinblech

Enthält pro Stück

ca. 146 kcal/615 kJ
11 g E, 10 g F, 4 g KH

Das Toastbrot in Würfel schneiden und in etwas Milch ca. 20 Minuten einweichen. Dabei ab und zu umrühren.

Die Zwiebel schälen, fein hacken und in dem Olivenöl weich dünsten, aber nicht bräunen. In einer Schüssel abkühlen lassen. Die Pinienkerne in der Pfanne goldbraun braten und abkühlen.

Den Backofen auf 200 °C vorheizen, das Muffinblech einfetten und mit Brösel ausstreuen. Die Kapern abtropfen lassen und hacken, den Majoran waschen, trocken schütteln und fein hacken. Die Pinienkerne grob hacken und mit Kapern und Majoran zu den Zwiebeln geben.

Das Toastbrot gut auspressen und mit dem Senf, dem Hackfleisch, dem Ei und dem Eigelb ebenfalls dazugeben. Alles vermengen und mit Salz und Pfeffer kräftig abschmecken.

Den Hackfleischteig zu 12 gleich große Kugeln formen. Die Wachteleier schälen und in jede Fleischkugel vorsichtig 1 Ei drücken. Die Kugeln noch einmal etwas nachformen und jeweils in eine Muffinblechmulde setzten. Im Backofen etwa 15 Minuten backen.

Zubereitungszeit
ca. 35 Minuten
(plus ca. 20 Minuten Einweichzeit
und 15 Minuten Backzeit)

Zubereitungszeit

ca. 35 Minuten (plus ca. 70 Minuten Ruhezeit und 20 Minuten Backzeit)

Möhren-Chorizo-Schnecken

mit Emmentaler

FÜR 12 STÜCK

50 g weiche Butter
100 ml Milch
20 g frische Hefe
1 Prise Zucker
250 g Mehl
Salz
100 g Möhren
50 g Emmentaler
40 g Chorizo
125 g Quark (20% Fett)
1 El Olivenöl
ca. 1 Tl Rosenpaprika
ca. 1 Tl edelsüßer Paprika
Salz

Außerdem

12 Papierförmchen für das Muffinblech

Enthält pro Stück

ca. 152 kcal/638 kJ
6 g E, 7 g F, 16 g KH

Die Butter in einem Topf schmelzen, den Topf vom Herd nehmen und die Milch dazugeben. Die Mischung handwarm abkühlen lassen. Die Hefe mit der Prise Zucker einrühren.

Das Mehl mit 1 Teelöffel Salz mischen, die Hefemilch dazugeben und zu einem geschmeidigen Teig verkneten. Abgedeckt 1 Stunde an einem warmen Ort gehen lassen.

Die Möhren waschen, schälen und fein raspeln. Den Emmentaler reiben und die Chorizo fein würfeln. Möhren, Emmentaler und Chorizo mit dem Quark und dem Olivenöl mischen und mit Gewürzen und Salz abschmecken.

Den Backofen auf 200 °C vorheizen und das Muffinblech mit Papierförmchen auslegen. Den Teig zu einem Rechteck von etwa 50 x 20 Zentimetern ausrollen. Die Quarkmischung daraufstreichen. Dabei an einer Längsseite einen etwa 2 cm breiten Rand frei lassen. Den Teig von der bestrichenen Längsseite her aufrollen, die Naht ein bisschen andrücken. Die Rolle in 12 gleich große Stücke schneiden und die Teigschnecken mit einer Schnittfläche nach oben in die Muffinförmchen setzen.

Abgedeckt 10 Minuten ruhen lassen, dann ca. 20 Minuten im Backofen backen, bis sie goldbraun sind.

Specknester mit Portulak

und Himbeeressig

FÜR 12 STÜCK

24 Scheiben Frühstücksspeck
2 Handvoll Portulaksalat
1 Tl Dijonsenf
1 Tl Ahornsirup
1 El Himbeeressig
Pfeffer
Salz
Olivenöl
12 Kirschtomaten

Außerdem

Alufolie für das Muffinblech

Enthält pro Stück

ca. 177 kcal/740 kJ
1 g E, 19 g F, 1 g KH

Die Rückseite des Muffinblechs komplett mit Alufolie auskleiden. Dabei darauf achten, dass keine Risse entstehen. Den Ofen auf 200 °C vorheizen.

Die Hälfte der Speckscheiben quer halbieren und auf der aluverkleideten Rückseite des Blechs wie ein Kreuz über die negativ ausgeformten Muffinmulden legen. Die restlichen Speckscheiben längs halbieren und jeweils 2 Streifen an den Seiten der aufragenden Mulden zwischen die gekreuzten Speckstreifen flechten, sodass ein auf dem Kopf stehendes Körbchen entsteht. Im Backofen 10–20 Minuten backen, sodass der Speck beginnt, kross zu werden, aber nicht zu stark gebräunt ist. Aus dem Ofen nehmen und auf der Form vollständig auskühlen lassen.

Den Portulak waschen, verlesen und trocken schleudern. Senf, Sirup und Essig verrühren und mit Pfeffer und Salz abschmecken. So viel Öl einrühren, dass ein sämiges Dressing entsteht. Den Portulak damit vermengen.

Die Speckkörbchen vorsichtig von der Alufolie lösen und mit dem Salat füllen. Die Tomaten vierteln und auf die Körbchen verteilen.

Zubereitungszeit
ca. 50 Minuten
(plus ca. 20 Minuten Backzeit)

Feine Mini-Lasagne

FÜR 12 STÜCK

1 Zwiebel
2 Knoblauchzehen
½ Möhre
¼ Sellerieknolle
1 Bund Basilikum
2 El Olivenöl
250 g Rinderhackfleisch
50 ml Rotwein
250 g stückige Tomaten aus der Dose
Salz, Pfeffer
18 Lasagneplatten
1 geh. El Butter
1 geh. El Mehl
250 ml Milch
Muskat
100 g Parmesan
100 g geriebener Mozzarella

Außerdem

Butter und Brösel für das Muffinblech

Enthält pro Stück

ca. 283 kcal/1189 kJ
17 g E, 12 g F, 29 g KH

Zwiebel und Knoblauch schälen und fein würfeln. Möhre und Sellerie waschen, schälen und in feine Würfel schneiden. Basilikum waschen, trocken schütteln, die Blättchen abzupfen und 12 Stück zur Dekoration beiseitelegen. Die übrigen grob zerzupfen.

Das Öl erhitzen und das Gemüse darin anbraten. Hackfleisch zugeben und etwa 5 Minuten anbraten. Mit dem Rotwein ablöschen, einkochen lassen und die Tomaten zugeben. Mit Salz und Pfeffer würzen. Etwa 20 Minuten bei geringer Hitze offen köcheln lassen, bis die Flüssigkeit fast vollständig verkocht ist. Die Lasagneplatten in reichlich kochendem Salzwasser nach Packungsanleitung garen. Abgießen, abschrecken und gut abtropfen lassen.

Die Butter in einem Topf zerlassen. Das Mehl hineinrühren. Die Milch einrühren und unter ständigem Rühren 10 Minuten köcheln lassen. Vom Herd nehmen und mit Salz, Pfeffer und Muskat abschmecken. Parmesan reiben, Basilikumblättchen in die Tomatensauce rühren.

Den Backofen auf 200 °C vorheizen. Das Blech einfetten und mit Bröseln ausstreuen. 6 Lasagneplatten längs halbieren und mit den Nudelstreifen den Rand der Papierförmchen auslegen. Aus den übrigen Lasagneplatten mit einem Ausstecher 36 Kreise im Durchmesser des Muffinmuldenbodens ausstechen. Je 1 Kreis als Boden in die Mulden geben.

Etwas Béchamelsauce und Parmesan einfüllen, 1 Teigkreis auflegen, dann die Bolognese darauf verteilen und den jeweils dritten Nudelkreis aufsetzen. Mit dem geriebenen Mozzarella bestreuen und im Ofen etwa 20 Minuten backen. Aus dem Ofen nehmen, die beiseitegelegten Basilikumblätter darauf verteilen und heiß oder kalt servieren.

Zubereitungszeit
ca. 60 Minuten (plus 30 Minuten
Koch- und 20 Minuten Backzeit)

Käse-Kresse-Eierkuchen

mit Parmesan

FÜR 12 STÜCK

18 Eier
200 ml Milch
Salz
Pfeffer
2 Kästchen Kresse
200 g Parmesan

Außerdem

Butter für das Muffinblech

Enthält pro Stück

ca. 215 kcal/904 kJ
17 g E, 16 g F, 1 g KH

Den Backofen auf 180 °C vorheizen und das Muffinblech gut einfetten.

Die Eier mit der Milch verrühren und mit Salz und Pfeffer würzen. Die Kresse mit einer Schere von den Beeten schneiden, den Parmesan reiben und mit der Kresse in die Eiermasse rühren.

Die Mischung in die Muffinblechmulden füllen und ca. 8 Minuten backen, bis die Eier gestockt sind.

Ziegenkäse- terrinchen

mit Zwetschgen

FÜR 12 STÜCK

2 Blatt Gelatine
180 g Ziegenfrischkäse
100 ml Crème double
600 ml Sahne
Salz
Pfeffer
1–2 El Banyuls
100 g Zwetschgen
40 g Zucker
1 El roter Portwein
1 Zweig Thymian
50 g gehobelte Mandeln

Außerdem

12 Papierförmchen für das Muffinblech

Enthält pro Stück

ca. 244 kcal/1022 kJ
4 g E, 22 g F, 7 g KH

Die Gelatineblätter nach Packungsanweisung in kaltem Wasser einweichen. Ziegenfrischkäse, Crème double und 500 ml Sahne verrühren, mit Salz und Pfeffer würzen, dann durch ein feines Sieb passieren.

Die Gelatine gut ausdrücken und in einem Topf bei milder Hitze in dem Banyuls auflösen. Die Käsecreme nach und nach unterrühren. Die Mischung so lange in den Kühlschrank stellen, bis sie zu gelieren beginnt. Unterdessen die restliche Sahne schlagen und dann unter die Käsecreme ziehen.

Die Zwetschgen waschen, putzen und klein würfeln. Mit Zucker und Portwein etwa 15 Minuten einkochen. Beiseitestellen und auskühlen lassen.

Den Thymian waschen, trocken schütteln und die Blättchen abzupfen. Die Mandelblättchen in einer Pfanne ohne Fett goldbraun rösten und abkühlen lassen. Mit dem Thymian und der Hälfte der eingekochten Zwetschgen unter die Käsemasse geben.

Das Muffinblech mit Papierförmchen auslegen und die Käsecreme darauf verteilen. Im Kühlschrank 4–6 Stunden fest werden lassen.

Die Förmchen aus dem Muffinblech herausnehmen, die Papierförmchen am Rand sehr vorsichtig lösen, die Terrinchen auf Teller stürzen und mit den restlichen Zwetschgen servieren.

Zubereitungszeit

ca. 50 Minuten (plus ca. 6 Stunden
Kühlzeit und 15 Minuten Kochzeit)

Mini-Clafoutis

mit getrockneten Tomaten

FÜR 12 STÜCK

3 Eier
80 g Mehl
330 ml Milch
Salz
Pfeffer
1 kleine Zucchini
3 große getrocknete, nicht eingelegte
   Tomaten

Außerdem

Butter für das Muffinblech

Enthält pro Stück

ca. 67 kcal/282 kJ
4 g E, 3 g F, 4 g KH

Den Ofen auf 180 °C vorheizen und das Muffinblech gut einfetten. Die Eier verquirlen, mit dem Mehl glatt rühren, dann langsam die Milch einrühren, sodass keine Klümpchen entstehen. Kräftig salzen und pfeffern. Die Mulden des Muffinblechs zu etwa zwei Dritteln mit dem Teig füllen.

Die Zucchini waschen, putzen und längs mit einem Sparschäler etwa 36 schmale Streifen abschälen, und zwar so, dass möglichst an jedem Streifen ein kleines Stückchen Schale bleibt. Das innen liegende Kerngehäuse nicht verwenden.

Jeweils 3 Streifen locker zu einer Spirale rollen und jeweils mit der grünen Schale nach oben in eine gefüllte Mulde setzen. Die getrockneten Tomaten vierteln, jedes Viertel hacken und in eine Mulde geben.

Die Clafoutis im Backofen ca. 20 Minuten backen, bis der Teig gestockt und leicht gebräunt ist. Das Blech herausnehmen und abkühlen lassen. Dann die Clafoutis vorsichtig aus der Form lösen.

Zubereitungszeit
ca. 15 Minuten
(plus ca. 20 Minuten Backzeit)

Birnen-Gorgonzola-Tartes

mit Kerbel

FÜR 12 STÜCK

250 g Mehl
1 P. Trockenhefe
Salz
2 Tl raffiniertes Sonnenblumenöl
½ Bund Kerbel
½ Bund Schnittlauch
12 Kirschtomaten
150 g milder Gorgonzola
450 g reife Birnen
2 Eier
150 g Crème fraîche
Pfeffer

Außerdem

Butter und Mehl für das Muffinblech
Mehl für die Arbeitsfläche

Enthält pro Stück

ca. 187 kcal/784 kJ
6 g E, 9 g F, 20 g KH

Für den Teig das Mehl in die Schüssel geben, die Hefe und 1 Teelöffel Salz untermischen. 120 Milliliter lauwarmes Wasser dazugeben. Das Öl hinzufügen und alles gut verkneten, bis sich der Teig vom Schüsselrand ablöst. Abgedeckt an einem warmen Ort 30 Minuten gehen lassen.

Den Backofen auf 200 °C vorheizen und das Muffinblech gut buttern und mit Mehl ausstäuben. Die Kräuter waschen, trocken schütteln und fein hacken. Die Tomaten waschen, putzen, trocken reiben und halbieren. Käse in kleine, dünne Scheiben schneiden. Birnen waschen, schälen, putzen und quer in feine Scheiben schneiden. Die Eier mit Crème fraîche und den Kräutern verrühren und mit Salz und Pfeffer abschmecken.

Den Teig durchkneten und in 12 Portionen teilen. Auf einer bemehlten Arbeitsfläche kreisrund ausrollen und die Muffinblechmulden damit auskleiden. Im Backofen auf der untersten Schiene 5 Minuten vorbacken.

Die Hälfte des Crème-fraîche-Mischung auf die Böden streichen, die übrige Creme mit Birnenscheiben und Käse abwechselnd dachziegelartig auf die Creme geben. Zuletzt je 1 Tomate aufsetzten und im Backofen weitere 15–20 Minuten backen.

Zubereitungszeit

ca. 40 Minuten
(plus ca. 30 Minuten zum Gehen
und ca. 25 Minuten Backzeit)

Zubereitungszeit

ca. 35 Minuten
(plus ca. 50 Minuten Kochzeit
und ca. 1 Stunde zum Auskühlen)

Polenta-Häppchen

mit Manchego & Hähnchen

FÜR 24 STÜCK

½ Hähnchenbrust
900 ml Hühnerbrühe
½ Tl gehackter, frischer Thymian
¼ Tl Kurkuma
170 g Polenta
Salz
Pfeffer
50 g gehobelte Mandeln
1 Knoblauchzehe
10 schwarze Oliven
2 Tl Kapern
2 El Rotweinessig
½ Tl gehackter Thymian
1 El gehacktes Basilikum
50 ml Olivenöl
115 g Manchego

Außerdem

Butter für das Muffinblech

Enthält pro Stück

ca. 224 kcal/939 kJ
12 g E, 14 g F, 11 g KH

Das Fleisch waschen und in mundgerechte Würfel schneiden. Die Hühnerbrühe in einem Topf aufkochen. Fleisch, Thymian und Kurkuma zugeben und ca. 30 Minuten köcheln lassen, bis das Fleisch weich ist. Das Fleisch aus der Brühe nehmen und fein zerrupfen. Das Muffinblech mit Butter einfetten.

Die Brühe erneut zum Kochen bringen, die Polenta zugeben und nach Packungsbeilage und unter häufigem Rühren ca. 20 Minuten quellen lassen. Vom Herd nehmen, das Hähnchenfleisch unterrühren, mit Salz und Pfeffer abschmecken und die Polenta auf die Mulden des Muffinblechs verteilen. Die Polenta glatt streichen und ca. 1 Stunde auskühlen lassen.

Die Mandelblättchen in einer Pfanne ohne Fett goldbraun rösten und beiseitestellen. Die Knoblauchzehe schälen und hacken, die schwarzen Oliven entkernen und hacken und die Kapern ebenfalls hacken.

Knoblauch, Oliven und Kapern mit dem Essig und den Kräutern verrühren, dann das Olivenöl langsam unterschlagen. Die Mandelblättchen unterheben. Den Manchego mit einem Sparschäler in feine Späne schneiden.

Die Polenta-Häppchen vorsichtig aus der Form heben, das Dressing darauf verteilen und die Häppchen mit Manchegospänen garnieren.

Spaghetti-nester

mit Fleischklößchen

FÜR 12 STÜCK

Für die Spaghettinester

250 g Spaghetti, Salz
2 Eier
1 Tl Tomatenmark
150 g geriebener Parmesan
Pfeffer

Für die Fleischklößchen

1 Knoblauchzehe
200 g Hackfleisch
1 El gehackte Pinienkerne
1 Ei, etwa 1 El Paniermehl
1 Tl Oregano
Salz, Pfeffer
Chilipulver

Außerdem

12 Tl Tomatensauce (FP)
12 Basilikumblätter zum Garnieren
Butter für das Muffinblech

Enthält pro Stück

ca. 194 kcal/812 kJ
12 g E, 10 g F, 14 g KH

Den Backofen auf 175 °C vorheizen und ein Backblech mit Backpapier auslegen. Die Spaghetti für die Nudelnester nach Packungsbeilage in kräftig gesalzenem Wasser gar kochen. Abgießen und abkühlen lassen.

Für die Fleischklößchen den Knoblauch schälen und in eine Schüssel pressen. Mit den übrigen Fleischklößchenzutaten gut vermengen und kräftig mit Salz, Pfeffer und Chilipulver abschmecken. Den Teig zu 12 gleich großen Klößchen formen und im Backofen ca. 25 Minuten backen. Sobald sie fertig sind, mit der Tomatensauce in einem Topf vermengen und bei niedriger Hitze warm halten. Den Ofen auf 200 °C hochschalten.

Das Muffinblech einfetten. Die Eier mit dem Tomatenmark und dem Parmesan verrühren. Mit etwas Salz und Pfeffer abschmecken, dann die Nudeln unterheben. Die Nudeln auf die Mulden des Muffinblechs verteilen, dabei eine kleine Vertiefung in die Mitte des Nestes formen. Im Backofen etwa 15 Minuten backen. Aus dem Ofen nehmen, kurz in der Form abkühlen lassen, dann vorsichtig aus der Form lösen.

Je 1 Fleischklößchen obenaufsetzen, die restliche Sauce darauf verteilen und mit je 1 Blättchen Basilikum dekorieren.

Zubereitungszeit

ca. 25 Minuten
(plus ca. 40 Minuten Backzeit)

Schöne Kartoffelrosen

mit Rosmarin

FÜR 12 STÜCK

ca. 1400 g Kartoffeln
Salz
ca. 160 ml Olivenöl
1 Knoblauchzehe
1 Zweig Rosmarin
Pfeffer

Außerdem

12 Papierförmchen für das Muffinblech

Enthält pro Stück

ca. 194 kcal/815 kJ
2 g E, 15 g F, 16 g KH

Den Backofen auf 190 °C vorheizen und das Muffinblech mit Papierförmchen auslegen. Die Kartoffeln waschen, schälen und in feine Scheiben schneiden oder hobeln. Die Scheiben müssen so dünn sein, dass sie sich gut biegen lassen. Kartoffelscheiben etwas salzen.

Das Öl in einem Topf leicht erwärmen. Den Knoblauch schälen und in das Öl pressen. Verrühren, über die Kartoffeln gießen und gut vermengen.

Jeweils ca. 100 g Kartoffelscheiben dachziegelartig in eine Reihe nebeneinanderlegen, dann von der Scheibe aus, die zuerst gelegt wurde, vorsichtig aufrollen. Die Päckchen jeweils hochkant in die Förmchen setzen. Mit übrig gebliebenen Kartoffelscheiben können die Rosen noch etwas ausgebessert werden. Die Rosen 35–45 Minuten im Backofen garen.

Den Rosmarin waschen, trocken schütteln, die Nadeln fein hacken und 15 Minuten vor Ende der Backzeit über die Rosen streuen. Aus dem Ofen nehmen, mit etwas Pfeffer bestreuen und servieren.

Filo-Zucchini-Tartes

mit Harissa

FÜR 12 STÜCK

400 g Zucchini
1 Zwiebel
50 g Haselnüsse
ca. 6 El Olivenöl
Salz
Pfeffer
100 g Feta
2 Eier
270 ml Sahne
2 Tl Honig
1 Tl Harissa
4 Lagen Filoteig (Strudelteig)

Außerdem

Butter für das Muffinblech

Enthält pro Stück

ca. 240 kcal/1005 kJ
7 g E, 19 g F, 11 g KH

Den Backofen auf 180 °C vorheizen und das Muffinblech gut mit Butter einfetten.

Die Zucchini waschen und putzen, die Zwiebel schälen. Beides in feine Würfel schneiden. Die Haselnüsse fein hacken und in einer Pfanne ohne Fett goldbraun rösten. In einem Schälchen beiseitestellen, dann 2 Esslöffel Olivenöl erhitzen. Zwiebeln und Zucchini etwa 5 Minuten darin dünsten. Mit Salz und Pfeffer würzen, abkühlen lassen und mit den Haselnüssen vermischen.

Den Feta in ein hohes Gefäß krümeln und mit Eiern, Sahne, Honig und Harissa fein pürieren. Die Creme mit Salz und eventuell Pfeffer abschmecken. Die Zucchinimischung unterrühren.

Aus dem Filoteig 36 Quadrate à 10 x 10 Zentimeter schneiden. Ein Teigquadrat mit etwas Olivenöl einpinseln, ein weiteres Stück Teig darauflegen, wieder mit Olivenöl bepinseln und ein drittes Blatt auflegen. Eine Mulde des Muffinblechs damit auslegen und mit den restlichen Teigblättern ebenso verfahren.

Die Füllung auf die Teignester verteilen und im Backofen etwa 30 Minuten backen, bis der Filoteig gebräunt und die Füllung gestockt ist.

Rezeptverzeichnis